어린이 감정 요가

아녜스 글리조

프랑스의 요가 전문가로
학교와 요가 스튜디오에서 요가를
가르치고 있습니다.
프랑스 파리에서 제라드 아르노 요가
학교를 졸업해 아시탕가 요가 학위를
취득했습니다.

Casterman
Rue Haute 139
1000 Bruxelles
Belgique

www.casterman.com

ISBN : 978-2-203-22654-8
N° d'édition : L.10EJDN002521.A004

@CASTERMAN, 2022

이 책의 한국어판 저작권은 (주)빅데스크에 있습니다.

목차

소개   페이지 ⑦

세션 ❶   신이 나요   페이지 ⑨

세션 ❷   우울해요   페이지 ㉑

세션 ❸   화가 나요   페이지 ㉛

세션 ❹   불안해요   페이지 ㊸

세션 ❺   평온해요   페이지 ㊷

끝맺음   페이지 ㊽

어린이 여러분, 환영합니다.

축하해요! 이제 여러분만의 요가 책이 생겼어요.

요가란 무엇일까요?

요가는 자세와 호흡을 통해 몸의 긴장을 풀어주는 운동입니다.
요가는 5,000여 년 전 인도에서 시작되었어요. 오늘날 요가는 세계 각지에서 모든 나이로부터 두루 사랑받고 있습니다.

왜 요가를 할까요?

일상생활에서 우리는 두려움, 슬픔, 기쁨, 분노, 흥분 등 다양한 감정을 경험합니다. 여러 가지 감정들을 겪어나가는 것이 항상 쉬운 일은 아니며, 이는 지극히 정상적인 일입니다. 이 책에 수록된 요가를 통해 혼자만의 시간을 가지며 감정을 비우고 내 몸의 자세에 집중해 보세요.
요가의 다양한 자세는 내 몸의 움직임을 알게 하고, 유연하게 하며 균형을 찾아 줍니다. 요가를 마칠 때에는 마음도 진정되어 평화로움을 느낄 거예요.

집에서 요가를 하려면 어떻게 해야 할까요?

부딪히지 않도록 넉넉한 공간이 필요합니다. 실제 요가 수업에 참여한다고 상상하며 매트도 준비해 주세요.

하나의 감정 세션마다 10분에서 15분 정도 걸립니다. 현재 감정에 맞는 세션을 고른 뒤 처음부터 끝까지 차근차근 따라 해 보세요. 전문가가 아니어도 차분함과 집중력을 키우며 집에서 요가를 할 수 있답니다.

요가는 혼자서 뿐만 아니라 친구와도 함께 할 수 있어요. 아침에는 상쾌한 하루를 위해, 저녁에는 평화로운 수면을 위해 요가를 해 보세요.

나마스테.*

그럼, 시작해 볼까요?

* 요가 수업이 끝나면 손바닥을 가슴 앞에 모아 "나마스테"라고 인사합니다. "나는 당신을 존중합니다"라는 뜻입니다.

세션 ①

신이 나요

너무 신나서 가만히 있을 수가 없어요.
토끼처럼 여기 저기를 뛰어다니고 싶어요.
심장이 빨리 뛰고, 덥고, 기운이 넘쳐요.
마치 몸에 전기가 흐르는 것 같아요!

세션 ①

벼룩같이 폴짝거리는 마음을
차분히 가라앉히는 요가에요.
가족에게 지금은 나만의 시간이고
방해해서는 안 된다고 알려주세요.
매트를 펴고
조용하고 넉넉한 공간에 앉으세요.
이 시간 내내 코로만 숨 쉬는 것을 기억하세요.

그럼, 이제 시작해 볼까요?

1 - 호흡

1 양반다리를 하고 편안하게 똑바로 앉으세요. 손바닥을 아래로 향하게 하고 무릎 위에 손을 얹습니다. 등을 곧게 펴고 척추를 똑바로 세웁니다. 가만히 눈을 감고 평온함을 느껴 봐요.

2 코로 공기를 길게 들이마시고, 다시 코로 길게 내쉽니다.
들숨과 날숨이 호흡 한 번입니다.

3 눈을 감고 침착한 자세를 유지합니다. 편안히 코로 숨을 쉬며 등을 쭉 펴서 키가 커지는 듯한 느낌을 느껴 보세요.

2 - 훌라후프 자세

1 눈을 뜨고 침착하게 일어섭니다.

2 발을 어깨너비로 벌려 바닥에 단단히 고정합니다. 양손을 허리에 얹고 골반을 시계 방향으로 다섯 바퀴 돌립니다. 그다음 반대 방향으로 동일하게 움직입니다.

3 - 의자 자세

1 바닥에 발을 안정적으로 딛습니다. 무릎을 구부리고, 상상의 의자에 앉는다고 생각하세요.

팔은 허벅지와 평행하게 앞으로 쭉 뻗습니다. 등은 평평하게 펴고 배에는 힘을 줍니다. 머리를 들어 정면의 먼 곳을 응시합니다.

네 번의 호흡 동안 침착하게 이 자세를 유지합니다.

2 동작이 끝나면 긴장을 푸세요. 다리를 흔들어 스트레칭하는 것도 좋아요. 조금 이완이 되었다면, 이제 의자 자세의 변형 동작을 해 봅니다.

3 발을 바닥에 단단히 붙인 뒤 상상의 의자에 앉습니다. 이제 천천히 발뒤꿈치를 바닥에서 떼고 발끝으로 서세요. 무릎을 구부린 채로 균형을 유지합니다. 정면의 먼 곳을 보며 심호흡합니다.

4 - 산 자세

어깨너비로 발을 벌리고 산처럼 우뚝 서서 그 자세를
유지합니다. 양팔을 몸의 양쪽으로 벌리고, 손바닥이
바닥을 향하도록 하세요. 눈을 감아도 됩니다.

5 - 비행기 자세

1 이제 비행기 자세를 할 거예요. 바닥에 발을 단단히 붙이고 섭니다. 몸의 무게중심을 앞에 두고 시선은 앞을 멀리 바라봅니다. 양팔은 몸의 양옆으로 벌립니다.

2 오른쪽 다리를 뒤로 뻗고 발끝을 쭉 폅니다.

3 충분히 스트레칭한 후, 오른발을 내리고 반대쪽 발을 뒤로 뻗어 주세요. 균형을 잡으며 침착하게 호흡합니다.

6 - 절하는 자세

무릎을 꿇고 앉은 뒤 앞으로 눕습니다. 팔을 앞으로 쭉 뻗어 보세요. 이때 팔꿈치가 바닥에 닿지 않아야 해요. 고개는 아래를 향하세요. 이 자세에서 조금 더 몸을 밀어 보세요. 이마를 바닥에 대고 팔을 앞으로 길게 뻗습니다. 코로 차분하게 숨을 쉽니다. 눈을 감아도 좋아요.

7 - 나비 자세

1 이제 발바닥이 마주 닿게 앉으세요. 그 다음 다리를 몸쪽으로 가까이 가져옵니다. 양손으로 발을 잡고 정면을 바라봅니다. 등은 평평하게 유지합니다.

2 5회 호흡하면서 무릎을 위아래로 나비의 날개처럼 움직여 보세요. 무릎이 위로 올라가면 숨을 들이마시고 아래로 내려가면 숨을 내쉽니다.

휴식

1 불가사리처럼 팔과 다리를 펼치고 등을 대고 눕습니다. 눈을 감고 온몸에 힘을 빼세요. 들이쉬고 내쉬는 호흡에 집중해 보세요. 시원한 공기를 들이마시고 따뜻한 숨을 내쉽니다. 몸이 가만히 가라앉는 듯한 편안함을 느껴보세요.

2 목 중앙에 파란 점이 있다고 상상해 보세요. 숨을 들이쉬면 그 점이 점점 커지고, 숨을 내쉬면 점점 작아지는 것을 상상합니다. 파란색은 평온함을 상징해요.

잘했어요
여러분은 몸과 마음을 이완시켰습니다. 흥분된 감정은 사라지고 차분히 진정된 마음이 가득합니다. 세션을 마친 기분 좋은 뿌듯함을 느껴보세요. 나마스떼.

세션 ❷

우울해요

어떤 날은 아무것도 하고 싶지 않아요.
아침부터 몸이 무겁고, 하루 종일 무기력하게 발을 끌고 다녀요.
침대에 웅크리고 누워서 잠들고 싶다는 생각뿐이에요.
모든 게 귀찮고 아무것도 하고 싶지 않아요.

세션 ②

오늘은 웬지 피곤하고 우울하네요.
이런 날 여러분에게 활력을 불어넣어 줄 요가가 있어요.
가족에게 지금은 나만의 시간이고
방해해서는 안 된다고 알려주세요.
매트를 펴고
조용하고 넉넉한 공간에 앉으세요.
이 시간 내내 코로만 숨 쉬는 것을 기억하세요.

그럼, 이제 시작해 볼까요?

1 - 호흡

1 바닥에 누워 무릎을 구부린 다음, 발바닥을 바닥에 평평하게 놓습니다. 무릎은 텐트처럼 세우세요. 왼손은 배 위에, 오른손은 심장 위에 올립니다. 이제 편안히 눈을 감고 숨을 쉽니다.

2 코로 공기를 길게 들이마시고, 코로 공기를 길게 내쉽니다. 들숨과 날숨이 호흡 한 번이라는 것을 기억하세요.

3 숨과 함께 피로는 몸 밖으로 나가고, 생기는 안으로 들어온다고 생각하며 숨을 들이쉬고 내쉬세요.

2 - 고양이 자세

1 무릎을 바닥에 댄 뒤 손으로 바닥을 짚으세요. 손바닥은 바닥에 평평하게 대고 손가락은 넓게 벌립니다. 팔은 어깨와 일직선이 되도록 곧게 뻗습니다. 고개를 천천히 이완하고 바닥을 내려다봅니다.

2 이제 심호흡을 하고 고개를 들어 멀리 바라봅니다. 허리가 펴지고 척추 전체가 길게 펴지는 것을 느껴야 해요.

3 그런 다음, 공기를 천천히 내쉬고 고개를 숙이고 땅을 바라봅니다. 등을 하늘로 쭉 밀어 올려 고양이처럼 둥글게 하세요. 여러 번 반복하세요.

3 - 강아지 자세

1 바닥에 발을 안정적으로 딛습니다. 몸을 앞으로 구부려 손으로 바닥을 짚어요. 팔과 다리는 곧게 뻗으세요. 고개에 힘을 빼고 발을 바라봅니다.

2 두 발을 모으고 무릎을 구부려 쪼그려 앉습니다.

3 이제 손바닥을 모으고 등을 곧게 유지하면서 일어서세요.

4 손과 팔을 머리 위로 올리고 다리를 곧게 핀 자세를 유지합니다. 키가 커지도록 등을 쭉쭉 펴세요. 이 자세를 여러 번 반복하여 등을 스트레칭하세요. 머리는 힘을 빼고 발뒤꿈치가 바닥에서 떨어지지 않도록 해요.

4 - 산 자세

어깨너비로 발을 벌리고 산처럼 우뚝 서서 그 자세를 유지합니다. 양팔을 몸의 양쪽으로 벌리고, 손바닥이 바닥을 향하도록 하세요. 눈을 감아도 됩니다.

5 - 삼각형 자세

1 서 있는 상태에서 팔을 올리고 손바닥이 바닥을 향하게 합니다.

2 발을 넓게 벌리고 몸통을 오른쪽으로 기울입니다. 오른손 손바닥은 발목에 대고, 왼팔은 하늘로 들어 올립니다. 왼손을 바라보며 코로 심호흡하세요. 반대쪽도 똑같이 스트레칭해 줍니다.

3 이제 천천히 몸통을 똑바로 세우세요. 팔은 바닥과 평행하게 뻗으세요. 양손을 모아서 내리고 발을 모읍니다.

6 - 다리 자세

1 이번에는 등을 대고 누워 양팔을 몸통에 붙이세요. 무릎을 구부리고 발은 바닥에 단단히 고정합니다. 이제 골반을 들어 올리고 천장 쪽으로 지긋이 밀어 올리세요. 차분하게 호흡한 뒤 골반을 천천히 내려놓습니다.

2 양손을 귀 옆 쪽 바닥에 놓고 손가락이 발을 향하도록 합니다. 이제 손바닥으로 바닥을 밀며 몸 전체를 들어 올리세요. 몸을 들어 아치형 다리 모양을 만들고 눈을 감고 심호흡하세요. 천천히 자세를 풀고 바닥에 다시 누워 동작을 마칩니다.

1 불가사리처럼 팔과 다리를 펼치고 등을 대고 눕습니다. 눈을 감고 온몸에 힘을 빼세요. 들이쉬고 내쉬는 호흡에 집중해 보세요. 시원한 공기를 들이시고 따뜻한 숨을 내쉽니다. 몸이 가만히 가라앉는 듯한 편안함을 느껴보세요.

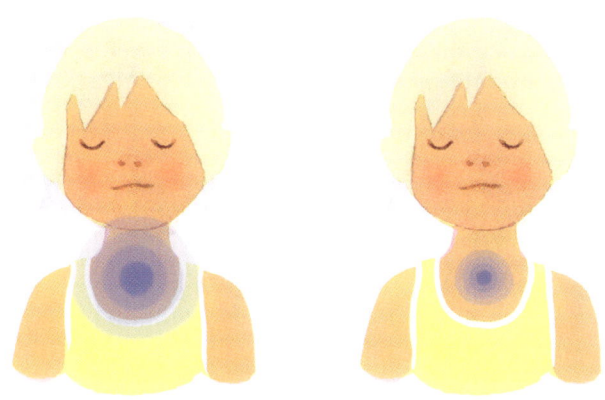

2 목 중앙에 푸른 빛이 있다고 상상해 보세요. 숨을 들이쉴 때는 그 빛이 점점 커지고, 숨을 내쉴 때는 점점 작아지는 것을 상상합니다. 푸른 빛은 평온함을 상징합니다.

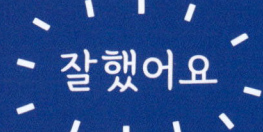

자세와 호흡을 통해 기운이 모아지니 더 이상 무기력하지 않아요. 이제 몸에 에너지가 흐르고 점점 충전이 될 거예요. 나마스떼.

세션 ③

화가 나요

머리끝까지 화가 나는 날이 있어요.
마음 속에서 폭풍이 몰아치는 것 같아요.
심장이 뛰는 소리가 들리고, 답답해서 소리를 지르고 싶어요.
어떻게 마음을 진정시키죠?

세션 3

화가 나버렸군요.
요가로 마음속 폭풍을 몰아내고
아름다운 햇살을 맞이하세요.
가족에게 지금은 나만의 시간이고
방해해서는 안 된다고 알려주세요.
매트를 펴고
조용하고 넉넉한 공간에 앉으세요.
이 시간 내내 코로만 숨 쉬는 것을 기억하세요.

그럼, 이제 시작해 볼까요?

1 - 호흡

1 양반다리를 하고 편안하게 앉습니다. 손바닥을 아래로 향하게 하여 무릎 위에 손을 얹으세요. 등을 곧게 펴고 척추를 똑바로 세우세요. 이제 눈을 감고 가만히 마음을 비워 봐요.

2 코로 공기를 길게 들이마시고, 코로 공기를 길게 내쉬세요. 들숨과 날숨이 호흡 한 번이에요. 숨을 들이마시고 내쉬며 답답함을 내보내세요.

3 눈을 감고 침착히 앉아 있는 자세를 유지하세요. 평온하게 숨을 쉬며 등을 쭉 피고 키가 커지는 의젓한 느낌을 느껴보세요.

2 - 버드나무 자세

1 이제 눈을 뜨고 차분히 일어서세요.

2 팔을 몸의 양쪽으로 부드럽게 흔든 다음, 점점 동작을 빠르게 합니다.

팔을 버드나무의 가지처럼 흔들며 몸의 나쁜 기운을 떨쳐 내세요. 머리부터 발끝까지 몸의 모든 부위를 조금씩 흔들어 털어 줍니다.

어지러움을 느끼면 중앙을 보고 똑바로 서세요.

숨을 길게 들이쉬고 내쉬며 숨고르기를 하세요.

3 - 쭉쭉이 자세

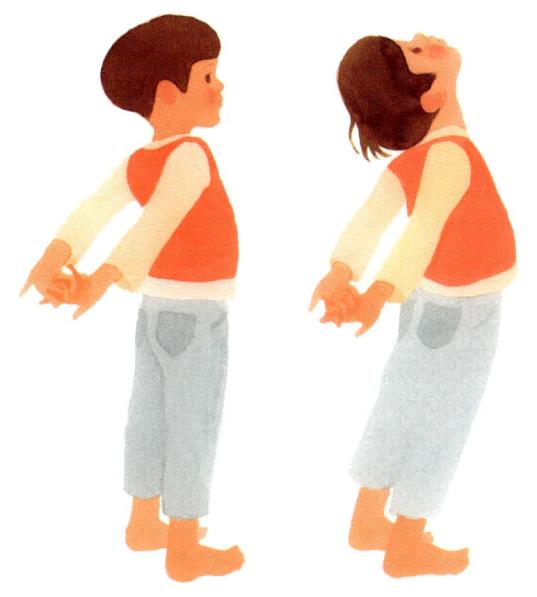

1 이번에는 등 뒤로 손깍지를 낍니다. 팔을 뒤로 쭉 뻗으세요. 손은 엉덩이에 닿지 않도록 하고, 날개뼈를 최대한 모아서 등을 시원하게 펴 주세요. 심호흡을 하고 하늘을 올려다봅니다.

2 뒤로 손깍지를 한 채 몸을 앞으로 숙이고 머리와 무릎이 마주보게 하세요. 이제 바닥으로 팔을 늘어뜨립니다. 가능하다면 다리를 곧게 펴세요. 매트 위에 손을 올려도 됩니다. 어렵다면 무릎을 약간 구부려도 괜찮아요.

4 - 산 자세

어깨너비로 발을 벌리고 산처럼 우뚝 서서 그 자세를 유지합니다. 양팔을 몸의 양쪽으로 벌리고, 손바닥이 바닥을 향하도록 하세요. 눈을 감아도 됩니다.

5 - 절하는 자세

무릎을 꿇고 앉은 뒤 팔을 앞으로 쭉 뻗으세요.
팔꿈치가 바닥에 닿지 않도록 하고 얼굴은 바닥을
봅니다. 이마를 바닥에 대도 좋아요. 코로 차분하게
숨을 쉬세요. 원한다면 눈을 감아도 돼요.

6 – 기지개 켜는 고양이 자세

1 이제 네 발로 엎드려 기지개 켜는 고양이처럼 팔을 앞으로 쭉 뻗으세요. 턱이나 이마를 바닥에 대고 가만히 쉬어 보세요.

2 발끝으로 바닥을 밀어 엉덩이를 하늘로 들어 올리고 다리를 최대한 곧게 펴세요. 척추와 어깨를 시원하게 쭉 펴 주세요.

7 – 창문 자세

1 매트 위에 무릎을 꿇고 앉으세요.

2 손으로 발을 잡은 뒤. 골반을 들어 앞으로 내미세요.

3 창문처럼 몸을 네모나게 만듭니다. 고개를 뒤로 젖혀 주세요. 너무 어렵다면 손은 허리에 올려도 돼요. 골반을 계속 앞으로 밀어줍니다. 코로 차분하게 숨을 들이쉬고 내쉬세요. 이제 천천히 자세를 풀고 다시 반복하세요.

휴식

1 불가사리처럼 팔과 다리를 펼치고 등을 대고 눕습니다. 눈을 감고 온몸에 힘을 빼세요. 들이쉬고 내쉬는 호흡에 집중해 보세요. 시원한 공기를 들이쉬고 따뜻한 숨을 내쉽니다. 몸이 가만히 가라앉는 듯한 편안함을 느껴보세요.

2 배꼽에 분홍색 꽃봉오리가 있다고 상상하세요. 숨을 들이마실 때마다 분홍색 꽃이 피어나고, 숨을 내쉴 때마다 꽃봉오리가 닫히는 것을 마음속에 그려보세요. 이제 평온함이 돌아왔어요.

잘했어요
차분하게 요가에 집중하는 동안 마음속 분노가 가라앉았습니다. 화나는 마음은 이제 지나갔으니, 다시 찾은 평온한 마음을 간직하세요. 나마스떼.

세션 ④

불안해요

뱃속이나 목에 돌멩이가 있는 것 같은 날이 있습니다.
몸이 무겁고 마음이 조마조마해요.
모든 것이 조금씩 두려워요.
어떤 순간은 너무 불안해서 손까지 떨려요.

세션 ④

발표나 시험을 앞두면 불안한 기분이 들어요.
요가로 마음속에 부는 불안의 바람을 잠재우고
잔잔한 호수같은 마음을 느껴보세요.
가족에게 지금은 나만의 시간이고
방해해서는 안 된다고 알려주세요.
매트를 펴고
조용하고 넉넉한 공간에 앉으세요.
이 시간 내내 코로만 숨 쉬는 것을 기억하세요.

그럼, 이제 시작해 볼까요?

1 - 호흡

1 양반다리를 하고 편안하게 앉으세요. 손바닥을 아래로 향하게 하여 무릎 위에 손을 얹습니다. 등을 곧게 펴고 척추를 똑바로 세웁니다. 가만히 눈을 감고 평온함을 느껴 봐요.

2 코로 공기를 길게 들이마시고, 코로 공기를 길게 내쉽니다. 들숨과 날숨이 호흡 한 번이라는 것을 기억하세요.

3 눈을 감고 차분히 자세를 유지합니다. 편안히 숨을 쉬며 등을 쭉 펴고 키가 커진다고 느끼세요.

2 - 고양이 자세

1 침착하게 네 발로 엎드리세요. 손바닥은 바닥에 평평하게 놓고 손가락을 벌립니다. 팔은 어깨와 일직선이 되도록 쭉 뻗으세요. 천천히 목과 머리를 풀어주며 바닥을 보세요.

2 이제 심호흡을 하며 고개를 들어 멀리 바라봅니다. 허리가 펴지고 척추 전체가 길게 펴지는 것을 느끼세요.

3 그런 다음, 공기를 천천히 내쉬며 고개를 내리고 땅을 바라보세요. 그리고 등을 하늘로 쭉 밀어 올리세요. 고양이처럼 등을 둥글게 만드세요.

3 - 강아지 자세

1 바닥에 발을 안정적으로 딛습니다. 몸을 앞으로 구부려 손으로 바닥을 짚습니다. 팔과 다리는 곧게 뻗으세요. 고개에 힘을 빼고 발을 바라봅니다.

2 이제 두 발을 모으고 무릎을 구부려 쪼그려 앉으세요.

3 손바닥을 모으고 등을 곧게 유지하면서 천천히 일어서세요.

4 손과 팔을 머리 위로 쭉 올리고 다리를 곧게 펴고 섭니다. 가능한 키가 커지도록 쭉쭉 뻗어 보세요.

이 자세를 여러 번 반복하여 등을 스트레칭하세요. 머리에 힘을 빼고 발뒤꿈치는 바닥에서 떨어지지 않도록 하세요.

4 - 산 자세

어깨너비로 발을 벌리고 산처럼 우뚝 서서 그 자세를 유지합니다. 양팔을 몸의 양쪽으로 벌리고, 손바닥이 바닥을 향하도록 하세요. 눈을 감아도 됩니다.

5 - 나무 자세

1 두 발을 바닥에 단단히 붙이고 섭니다. 체중을 모두 왼쪽 다리에 실으세요. 그다음, 오른발 발바닥을 왼쪽 종아리 위에 부드럽게 올려놓습니다. 오른쪽 무릎을 옆으로 벌리고 양손을 가슴 중앙에 모아 지그시 누릅니다. 정면의 한 곳을 바라보며 침착하게 숨을 쉽니다.

2 균형을 잡을 수 있다면 발바닥을 좀더 높이 허벅지에 대고 팔을 머리 위로 쭉 뻗습니다. 마치 기도하듯 양손을 합장합니다. 이 동작을 바로 할 수 없더라도 괜찮아요. 서둘러 움직이지 말고, 천천히 동작하세요. 앞을 멀리 바라보는 것을 잊지 마세요.

3 충분히 자세를 유지했다면 다리를 바꾸세요. 동작이 끝나면 팔과 다리를 털어 이완시켜 주세요.

6 - 절하는 자세

천천히 엉덩이를 발뒤꿈치에 대고 팔을 앞으로 쭉 뻗습니다. 바닥을 보며 내려갑니다. 바닥에 이마를 대고 편히 힘을 빼세요. 팔을 앞으로 쭉 뻗고 코로 차분하게 숨을 쉬세요. 원한다면 눈을 감아도 됩니다.

휴식

1 불가사리처럼 팔과 다리를 펼치고 등을 대고 눕습니다. 눈을 감고 온몸에 힘을 빼세요. 들이쉬고 내쉬는 호흡에 집중합니다. 시원한 공기를 들이쉬고 따뜻한 숨을 내쉽니다. 몸이 가라앉는 듯 차분해질 거예요.

2 목 중앙에 푸른 빛이 있다고 상상해 보세요. 숨을 들이쉴 때마다 빛이 점점 커지고, 숨을 내쉴 때마다 점점 작아집니다. 푸른 빛은 평온함을 상징합니다.

잘했어요 몸의 긴장을 잘 풀고 호흡도 안정시켰네요. 이제 불안을 다스리는 방법을 배웠습니다. 더 이상 발표의 긴장이나 걱정은 없고, 공원 벤치에 앉은 듯 차분하고 고요해졌어요. 나마스떼.

세션 ⑤

평온해요

고요하고 차분한 날에는 마음이 편안해요.
몸이 가벼워지는 느낌이 들어요.
이런 날에는 평화로움을 온몸 가득 느끼고 싶어요.

세션 ⑤

지금처럼 평온한 때의 요가는
몸과 마음을 한층 건강하게 합니다.
가족에게 지금은 나만의 시간이고
방해해서는 안 된다고 알려주세요.
매트를 펴고
조용하고 넉넉한 공간에 앉으세요.
이 시간 내내 코로만 숨을 쉬는 것을 기억하세요.

그럼, 이제 시작해 볼까요?

1 - 호흡

1 양반다리를 하고 편안하게 앉으세요. 손바닥을 아래로 향하게 하여 무릎 위에 손을 얹습니다. 등을 곧게 펴고 척추를 똑바로 세웁니다. 가만히 눈을 감고 편안하게 숨을 쉬세요.

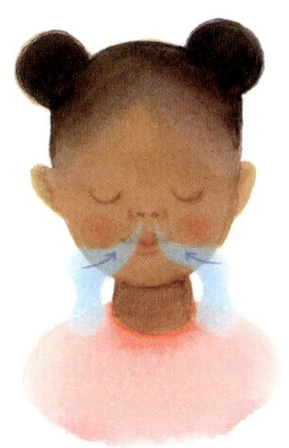

2 코로 공기를 길게 들이마시고, 코로 공기를 길게 내쉽니다. 들숨과 날숨이 호흡 한 번이라는 것을 기억하세요.

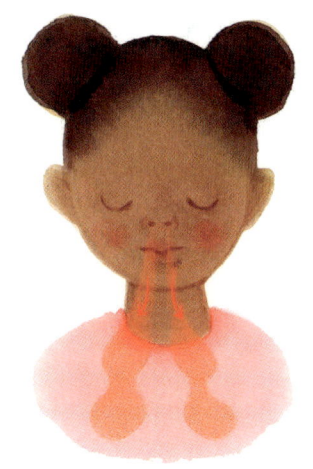

3 눈을 감고 꼿꼿하게 앉은 자세를 차분히 유지합니다. 숨을 쉬고 등을 쭉 펴서 키가 점점 더 커진다는 생각만 하세요.

2 - 앉아서 훌라후프 자세

1 자리에 앉아 앞을 봅니다. 균형을 잡고 몸을 바닥에 단단히 고정한 다음, 양손을 허리에 얹습니다. 오뚝이처럼 몸을 좌우로 움직이며 스트레칭을 해보세요.

2 골반으로 큰 원을 다섯 번 그리고 반대 방향으로 원을 다섯 번 만듭니다. 양손은 허리에 두고 팔꿈치는 가슴에서 멀리 떨어지도록 합니다. 숨은 코로 들이쉬고 내쉬는 것을 잊지 마세요.

3 – 기지개 자세

1 이제 자리에서 일어나세요. 등 뒤로 손가락을 깍지 끼고 팔을 쭉 뻗습니다. 손은 엉덩이에서 최대한 멀리 떨어지게 뻗고 어깨는 뒤쪽으로 쭉 젖힙니다. 심호흡을 하고 하늘을 올려다봅니다.

2 뒤로 손을 깍지 낀 채 몸을 앞으로 숙입니다. 그런 다음 팔을 바닥을 향해 늘어뜨립니다. 할 수 있다면 다리를 곧게 편 채로 바닥에 손바닥을 대도 좋습니다. 어렵다면 무릎을 약간 구부려 보세요. 동작을 하는 동안 차분하게 호흡하세요.

4 - 산 자세

어깨너비로 발을 벌리고 산처럼 우뚝 서서 그 자세를
유지합니다. 양팔을 몸의 양쪽으로 벌리고, 손바닥이
바닥을 향하도록 하세요. 눈을 감아도 됩니다.

5 - 강아지 자세

1 가만히 서서 손이 바닥에 닿을 때까지 앞으로 구부립니다. 팔과 다리는 곧게 뻗으세요. 머리는 긴장을 풀고 발을 바라봅니다.

2 이제 두 발을 모으고 무릎을 구부려 쪼그려 앉습니다.

3 손바닥을 모으고 등을 곧게 유지하면서 일어서세요.

4 손과 팔을 머리 위로 쭉 올리고 다리를 곧게 펴세요. 최대한 키가 커지도록 쭉쭉이를 해보세요.

이 자세를 여러 번 반복하여 등을 시원하게 스트레칭하세요. 머리는 힘을 빼고 발뒤꿈치는 바닥에 대고 있어야 해요.

6 - 기도하는 개구리 자세

1 이번에는 쪼그리고 앉으세요. 발은 어깨너비로 벌리고 발가락을 양옆으로 살짝 벌립니다. 그리고 양손을 가슴 중앙에 기도하듯 모으세요.

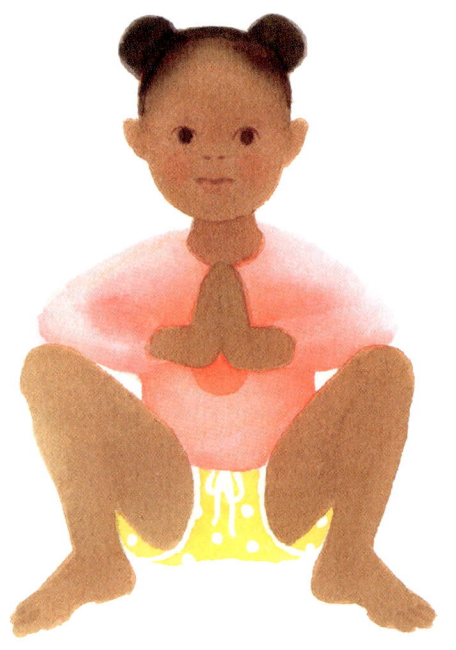

2 그런 다음 팔꿈치로 천천히 무릎을 양쪽으로 밀어 벌립니다. 발뒤꿈치가 바닥에 닿도록 자세를 유지하세요. 등을 쭉 펴고 차분하게 숨을 쉬며 멀리 앞을 바라보세요.

7 – 몸 들어올리기

1 이제 엉덩이를 바닥에 대고 다리를 앞으로 쭉 뻗습니다.

2 엉덩이 양옆에 손을 대고 엉덩이를 들어 올립니다.

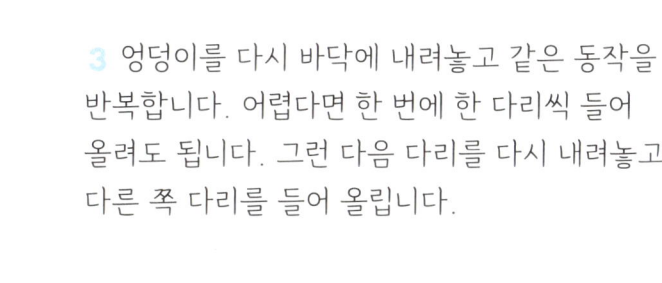

3 엉덩이를 다시 바닥에 내려놓고 같은 동작을 반복합니다. 어렵다면 한 번에 한 다리씩 들어 올려도 됩니다. 그런 다음 다리를 다시 내려놓고 다른 쪽 다리를 들어 올립니다.

4 이 자세는 다리를 꼬고 무릎 사이로 팔을 넣고 바닥을 밀어 몸을 들어 올리는 개구리 자세로도 연습할 수 있습니다. 체중이 자연스럽게 앞으로 이동하게 됩니다.

휴식

등을 바닥에 대고 누워서 솜 인형이 된 듯 온몸의 힘을 빼세요. 눈을 감고 몸의 이완을 느껴보세요. 들이쉬고 내쉬는 호흡에 집중합니다. 시원한 공기를 들이시고 따뜻한 숨을 내쉽니다. 이제 몸과 마음이 평온하고 개운해진 것을 느껴보세요.

잘했어요 깊이 호흡하고 몸 전체를 스트레칭하는 동안 밝은 기운과 에너지가 몸 구석구석으로 퍼졌어요. 아침이라면 힘찬 하루가, 밤이라면 달콤한 잠이 기다리고 있어요. 감정 요가와 함께 몸과 마음을 멋지게 키워가세요. 나마스떼.

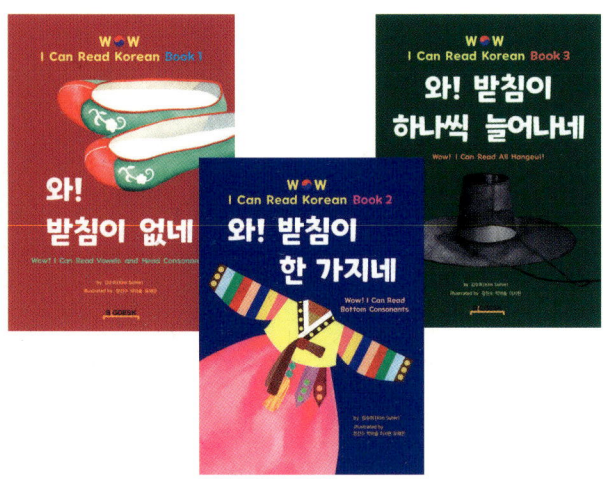

소리를 들으며 한글을 떼는 한글 파닉스 스토리

동물들의 재미난 양치질 이야기

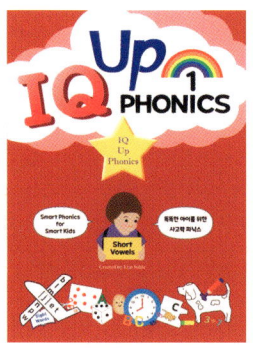
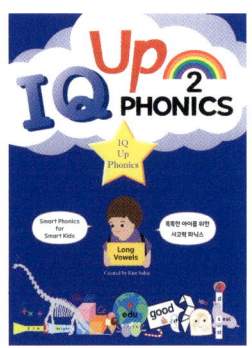

똑똑한 아이를 위한 사고력 영어 파닉스

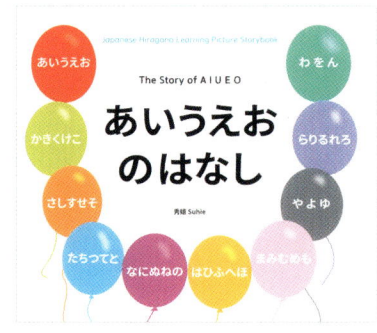

히라가나를 읽게 되는 '아이우에오 이야기'

LE YOGA DES EMOTIONS
by Marie Faure-Ambroise,
Agnès Gliozzo & Sibylle Ristroph
© Casterman / 2022

Korean Translation Copyright
© BIGDESK 2025

published by arrangement with
EDITIONS CASTERMAN S.A.
through Bestun Korea Agency Co.

Printed in Korea

이 책의 한국어판 저작권은
베스툰 코리아 에이전시를 통해
저작권자와의 독점계약으로
(주)빅데스크에 있으며,
저작권법에 의해
보호를 받는 저작물이므로
무단전재와 복제를 금합니다.

우리글 : 정진수
이메일 : mybookonthedesk
　　　　@naver.com